# RIGAUD OU RIGAULT

J. Ed. BOISSERIE DE MASMONTET



# RIGAUD OU RIGAULT

## DE GRANDFONT, DU MARCHET, DES BARATONS, DU MINEUR, DE LARTIGUE, DES GUIGNARDS, DE CAZENAC, DE LA BOURGUETTE, DES MINGAUDS, DE LA CAPELLE, ETC., ETC.

## EN GUIENNE

PARIS
AUX BUREAUX DE LA *REVUE HÉRALDIQUE*
8, rue Daumier, 8

1906

J. Ed. BOISSERIE DE MASMONTET

# RIGAUD OU RIGAULT

DE GRANDFONT, DU MARCHET, DES BARATONS, DU MINEUR, DE LARTIGUE, DES GUIGNARDS, DE CAZENAC, DE LA BOURGUETTE, DES MINGAUDS, DE LA CAPELLE, ETC., ETC.

## EN GUIENNE

PARIS

AUX BUREAUX DE LA *REVUE HÉRALDIQUE*

8, rue Daumier, 8

—

1906

# RIGAUD OU RIGAULT

DE GRANDFONT, DU MARCHET, DES BARATONS, DU MINEUR, DE LARTIGUE, DES GUIGNARDS, DE CAZENAC, DE LA BOURGUETTE, DES MINGAUDS, DE LA CAPELLE, ETC., ETC.

# EN GUIENNE

La famille RIGAUD, RIGAULT ou de RIGAUD, à présent éteinte, était originaire des Cévennes (1). Dans le courant du XVIe siècle elle s'établit à Sainte-Foy-la-Grande.

C'est aux environs de cette petite ville, aujourd'hui chef-lieu de canton de l'arrondissement de Libourne (Gironde), jadis « capitale du pays de Nouvelle-Conquête » sur les confins du Bordelais, du Périgord et de l'Agenais qu'étaient situées les nombreuses possessions — fiefs, terres nobles ou roturières — ci-dessus énumérées. Bourgeoise d'origine, anoblie dans deux de ses branches sous Louis XIV, la famille Rigaud déjà recommandable par ses services, touche par ses alliances aux maisons les plus qualifiées de cette partie de la Guienne. Elle a été maintenue dans sa noblesse à toutes les recherches des Intendants, a fait ses preuves pour les pages et les écoles militaires et a voté avec l'ordre, à Sainte-Foy et à Libourne, pour la formation des États généraux de 1789.

Ses armes, régulièrement enregistrées par d'Hozier en 1696, sont ainsi décrites dans l'*Armorial de France*, volume Guienne, registre de Sainte-Foy.

(1) Tradition domestique.

RIGAUD DU MARCHET ET DE GRANDFONT (aînée) : *d'or au chevron d'azur accompagné de trois hures de sanglier défendues d'argent.*

RIGAUD DE LARTIGUE : *d'azur à un chevron d'argent accompagné en chef de deux hures de sanglier et en pointe d'une tête de levrier de sable colletée d'argent.*

RIGAUD DES BARATONS ET DU MINEUR : *de sable à deux chevrons d'argent..*

∴

Les armes anciennes ne comportaient que des chevrons, les hures de sanglier qui avaient la prétention d'être parlantes (par à peu près) : *ragots*, furent adoptées, par les deux branches anoblies en 1656 et 1696 avec pour brisures, quelques variantes dans les émaux.

La devise de la branche aînée, recueillie sur un cachet armorié qui scelle un testament que nous possédons était : *Plutôt mourir que faillir.*

La filiation généalogique (1) de la famille Rigaud s'établit sur titres depuis :

I

PIERRE RIGAUD, bourgeois et consul de Sainte-Foy en 1626, avait épousé 1° *Marguerite de Geymond*, fille de MMe *Guilhaume de Geymond* (2) ou des Aymonds, avocat, bachelier en

(1) Nous avons dressé cette généalogie d'après les maintenues de noblesse, des actes notariés dont plusieurs sont entre nos mains, des livres de raison de familles alliées et les registres paroissiaux de Sainte-Foy, Pineuilh, Razac, Saussignac et Le Fleix.

(2) La famille de Geymond et, plus anciennement des Aymons a donné des maires et consuls à Sainte-Foy depuis le XVe siècle. Plusieurs de ses membres sont qualifiés nobles et écuyers au XVIIe siècle. Armes : *échiqueté d'argent et d'azur à une bande de gueules chargée de trois molettes d'éperon de sable.*

droit et juge de la juridiction royale de Sainte-Foy et de *Marie de Masmontet* (1).

Il fut père de :

1°. — Pierre Rigaud qui suit.

2°. — François Rigaud, auteur de la branche cadette qui suivra.

3°. — (Peut-être) Etienne Rigaud, qualifié écuyer, seigneur de *Lartigue*, dont la fille *Marguerite de Rigaud*, épousa vers 1680 noble *Jean Abre* (2), écuyer, sieur de la *Fourtonie*, habitant au lieu de Pinote, paroisse de Gensac.

## II

Pierre Rigaud, écuyer, seigneur de *Grandfont*, né vers 1630, épousa par contrat du 29 septembre 1659, *Suzanne de La Coste* (3).

Il obtint des lettres de noblesse (enregistrées au mois de décembre 1656) en considération, est-il dit, « des importants services rendus par lui et ses ancêtres ».

(1) Masmontet en Guienne porte : *d'azur à trois croissant d'argent*. Cette ancienne famille remonte filiativement et sur titres à 1490. Elle paraît être sortie du château de Masmontet ou Mas de Montet en Riberacois, possédé de nos jours par le marquis de Nattes. Alliances principales : du Terrail, de Glenne, de Fauveau, de Claveau, du Foussat, Penaud de Lagut, de Lajonie, de Cazenave, de Malegat, de Villars, Pauvert de La Chapelle, de Barraud, de Belrieu, de Cartier, du Vergier, d'Ascols, Boisserie, Valleton de Boissière, de Boutault de Russy, de Bérail, etc. etc.

(2) Aujourd'hui éteinte, la famille Abre, anoblie sous Louis XIII blasonnait : *d'or à un arbre arraché de sinople soutenu d'un croissant d'azur ; au chef d'azur chargé de trois étoiles du champ*.

(3) Anoblie en 1671, maintenue en 1699, la famille de La Coste originaire de Sainte-Foy, s'armait : *taillé d'argent et de sable à 4 levriers courants de l'un à l'autre ; au chef cousu d'azur chargé de trois étoiles aussi d'argent* (Arm. de France, 1696).

Il était alors lieutenant au régiment de cavalerie de Reynel, on le retrouve plus tard, avec le grade de mestre de camp.

Confirmé dans sa noblesse par arrêt de la Cour des Aydes du 11 mars 1674, Pierre Rigaud fit au Roi l'aveu et dénombrement des biens nobles qu'il possédait dans la juridiction de Sainte-Foy en 1676.

Il testa le 1er septembre en 1692 nommant ainsi ses enfants :

1°. — Etienne Rigaud, qui suit.

2°. — Pierre Rigaud, auteur de la branche du Marchet qui va suivre.

3°. — Suzanne de Rigaud, mariée par contrat du 1er septembre 1697 avec *Alain-Daniel de Filhol* (1), écuyer, seigneur de *Parenchères* et *Fourgonnières*, fils d'*Alain de Filhol*, gentilhomme ordinaire de la Chambre du Roi et de *Jeanne de Ségur* (2).

## III

Etienne Rigaud, écuyer, seigneur de *Grandfont*, marié par contrat du 6 novembre 1696 avec *Marie de Papus* (3), fille de *Jean Papus*, écuyer, seigneur de *Cazenac*, conseiller secrétaire du Roi, maison et couronne de France.

(1) Fondus par trois alliances dans la maison de Callières, les Filhol dont nous avons publié en 1893 la généalogie, étaient originaires de Mézin en Condomois. Ils s'établirent à Sainte-Foy dans le courant du XVe siècle. Alliances : de Lustrac (148..); de Fauveau (15..); de Lacroix (155 ); de Glane (1583); de Ségur (1637); de Chillaud (16..) de Grailly (16..); de Guerre; de Gordiégés (1674); de Conche; de Rigaud, du Chivet, de Montard; de Bonneuil; de Péros-Mandis; Guénant; de Callières; etc. etc. armes : *d'or à l'aigle éployée de sable.*

(2) Jeanne de Ségur était fille de Daniel de Ségur, baron de Pouchat et de Marguerite de Bonnières. La maison de Ségur compte parmi les plus illustres de France. Ses armes : *écartelé aux 1 et 4 de gueules au lion d'or; aux 2 et 3 d'argent plein* figurent à la salle des croisades de palais de Versailles.

(3) La famille Papus, qui a pris ou donné son nom à une terre près

Marie de Papus était veuve lorsqu'elle décéda à Sainte-Foy, en 1762 âgée de 83 ans.

Etienne Rigaud son mari avait testé le 25 février 1731. Il laissa un fils :

ALEXANDRE DE RIGAUD, qui suit.

## IV

ALEXANDRE DE RIGAUD, écuyer, seigneur de *Grandfont*, de *Cazenac*, des fiefs des *Guignards*, des *Maingauds*, etc., épousa par contrat du 10 janvier 1748, sa cousine *Marie-Suzanne de Papus*, fille d'*Etienne de Papus*, écuyer, seigneur de *Bellevue* et de *Marthe de Turcaud* (1), dame des *Negrauds* et de *Bellevue* (2).

Le 11 mars 1789 il se fit représenter par le comte de Rossane, son gendre, à la réunion des gentilshommes de la sénéchaussée de Libourne et, le 14 mai suivant, il assista à la séance dans laquelle M. de Puch de Montbreton fut élu député de la noblesse aux Etats-Généraux.

Alexandre de Rigaud mourut en émigration. Sa veuve, restée à Sainte-Foy, y décéda dans les premières années de l'Empire.

La vieillesse de M. et Mme de Grandfont fut attristée par la mort de leurs deux fils. Ils ne laissèrent qu'une fille pour leur succéder.

de Sainte-Foy, s'est éteinte au XVIIIe siècle dans la maison de Brugière. Elle tirait sa noblesse de la charge de secrétaire du Roi. Armes : *d'or à trois bandes de gueules.*

(1) Marthe de Turcaud, était fille de Joseph de Turcaud seigneur de Bellevue, officier de la maison de *Monsieur* frère du Roi dont les armes étaient : *d'argent à une levrette rampante de sable.*

(2) Le château de Bellevue, situé commune de Razac de Saussignac (Dordogne), passa successivement par héritages, des Turcaud aux Papus et de ceux-ci aux Brugière. Il appartint un instant à l'arrière grand' mère de l'auteur de ce travail, Mme Cottu de Maillard-d'Ascols. C'est aujourd'hui M. A. Loreilhe et Mme née de Lajonie qui le possèdent.

Ils avaient eu :

1°. — GABRIEL DE RIGAUD, né en 1750, décédé à La Bourguette (près Sainte-Foy) à l'âge de 23 ans, le 31 décembre 1773. — Il avait fait ses preuves de noblesse pour être reçu page du Roi en sa grande écurie.

2°. — PIERRE DE RIGAUD, appelé le chevalier *de Grandfont*, né en 1752, mort « *soudainement* » au château de Bellevue, chez sa grand'mère, le 6 mars 1767.

3°. — SUZANNE DE RIGAUD DE GRANDFONT qui suit

## V.

SUZANNE DE RIGAUD DE GRANDFONT, née à Sainte-Foy, le 21 juillet 1750, mariée le 7 novembre 1775 à *Jean-Louis, comte de Rossane* (1), mousquetaire de la garde du Roi, chevalier, seigneur des *Ondes*, *Pédelmas*, *Liet*, *Monac*, *Rufeaux*, *La Martonie* et autres places, habitant son château de La Fage en Agenais ; fils de feu *Pierre Gratien*, marquis de *Rossane* et de *Marie de Gervain* (2).

(1) Les Rossane, titrés marquis et comtes du Fleix etc, appartiennent à la meilleure noblesse de l'Agenais. Alliance : de Vacquier, de Villebois, de Lartigue, de Becays-Lacaussade, de Raymond, de Luxe, de Solier, de Godailh etc. etc... Armes : *d'argent à deux chevrons renversés de gueules.* Alias : *d'argent à un murier de sinople, le tronc traversé d'un lion passant de gueules et accompagné en chef de deux étoiles d'azur.*

(2) Marie de Gervain était fille de Pierre-Hector de Gervain (fils lui-même d'une Galard-Béarn et petit-fils d'une Polignac), écuyer, seigneur des Vigiers, des Landes, de Saint-Luc etc. capitaine de cavalerie, et de Jeanne de Penaud de Lagut. Elle avait pour sœur Catherine de Gervain mariée à Pierre de Geraud de Langalerie et pour frère Pierre-Charles de Gervain des Landes, reçu page du Roi en sa grande écurie en 1732. La famille de Gervain encore représentée en Guienne porte : *d'azur au chevron d'or accompagné de 3 roses de même* alias : *trois gerbes de blé.*

De ce mariage provinrent :

(*A*) Louis-Alexandre marquis de Rossane, comte *du Fleix*, né en 1777, marié à *Jeanne-Sophie de Stutt de Solminihac* (1), fille de *Jean, comte de Stutt de Solminihac*, marquis de *Tombebœuf*, (admis aux honneurs de la Cour en 1786) et de *Marie de Digeon de Monteton* (2).

Leur fille unique *Nathalie de Rossane*, héritière de la plus grande partie des biens de sa maison, décéda en 1878 sans enfants de Adolphe Le Mercier de Maisoncelle-Vertille, vicomte de Richemont (3) son époux.

(*B*) Marie-Hélène-Agathe de Rossane, née le 3 novembre 1781, décédée au château de Couronneau le 19 juin 1817, avait épousé le 18 septembre 1797 *Jacques-Etienne de Cartier* (4), fils de *Pierre Cartier* seigneur de *Saint-André* et de *Grand-Renom*, et de *Marie de Meyzonnès, dame de Couronneau*.

Deux enfants provinrent de cette union :

(1) Stutt ou Estutt de Solminihac, de la même lignée que les Stutt de Tracy et d'Assay, issu par les femmes de la maison périgourdine de Solminihac porte : *d'argent à cinq pals d'azur ; au chef d'argent chargé d'un cœur de gueules surmonté d'une croisette du même*. Jean comte de Solminihac, mort au château de Boisverdun en 1814, était fils de Pierre de Stutt, baron de Saint-Pardoux, de Boisverdun et d'Eymet, et de Marie-Anne-Henriette de Ségur.

(2) Marie de Digeon était fille de Jean-Jacques de Digeon, baron de Monteton et de Suzanne de Narbonne-Pelet.

(3) Anoblis en 1734 les Le Mercier de Maisoncelle passés à la Guadeloupe en 1692 blasonnent : *d'azur à un chevron d'argent accompagné en chef de deux étoiles et en pointe d'un cœur d'or*.

(4) Les Cartier, venus de Bretagne, établis à Sainte-Foy au XVIIe siècle, sont issus de l'illustre marin Jacques Cartier qui découvrit le Canada. Cette famille n'est plus représentée que par M. Anatole de Cartier et Mme née de Masmontet-Fonpeyrine. Armes : *d'azur à trois pommes de pin d'or*.

une fille morte sans alliance et un fils : *Jean-Louis-Dion de Cartier de Couronneau* qui de son mariage, avec *Inès Durège de Beaulieu* (1), laissa deux fils : *Edmond*, mort célibataire, et *Anatole de Cartier de Couronneau*, marié en 1867 à sa cousine *Antoinette de Masmontet-Fonpeyrine*.

(*C*) Marie-Claire-Adèle de Rossane, née le 13 novembre 1782, morte en 1815. Elle avait épousé en novembre 1798 *Pierre-Joseph-Charles Durège* (2) *de Ribebon*, fils de *Jean Durège*, écuyer, capitaine d'infanterie, chevalier de Saint-Louis, et de *Elisabeth Smitz*.

Dont deux fils qui ont continué la descendance *Durège* et une fille *Emma Durège de Ribebon* mariée à *Jean Jacques de La Poyade* (3) *du Tizac* fils de M. *de la Poyade*, écuyer, et de Mlle *de Tauzia* (4).

*Gaston de la Poyade*, issu de cette

(1) Inès Durège de Beaulieu était fille de Louis Izaac Durège de Beaulieu, écuyer, et de Marie Pauvert de Lafon, fille elle-même de Guilhaume Pauvert de Lafon et de Françoise de Masmontet.

(2) Pierre-Joseph-Charles Durège de Ribebon avait pour grand'mère une Briançon. La famille Durège de Beaulieu et de Ribebon, connue à Sainte-Foy depuis le XVe siècle, a produit de nombreux officiers et chevaliers de Saint-Louis. Alliances : d'Alba, de Ségur, de Cartier, de Rossane, de Berjon, de Briançon etc. — Armes : *de gueules à 3 fasces d'or ; au chef d'azur chargé d'un croissant versé d'argent.*

(3) Connus depuis le XVe siècle au pays de Nouvelle Conquête, les La Poyade et plus anciennement Poyade, sieurs de la Poyade, ont été anoblis pour services militaires en 1788. Armes : *écartelé aux 1 et 4 d'azur à 3 étoiles d'or mal ordonnées ; aux 2 et 3, aussi d'azur au lion d'argent.*

(4) Anoblis en 1544 et 1703, les Tauzia, seigneurs de Litterie, La Rouquette, Montbrun, etc., dont une branche est depuis 1818 en possession, en titre de vicomte portent : *d'azur au chevron d'or, accompagné en chef de deux roses de même et en pointe d'un lion aussi d'or ; au chef cousu de gueules chargé d'un croissant d'argent accosté de deux étoiles de même.*

union, a épousé *M^{lle} de Bacalan* (1), il en a trois fils dont deux sont actuellement officiers de cavalerie.

Ainsi s'est éteinte la branche aînée de la famille Rigaud.

## BRANCHE DU MARCHET

### III

Pierre Rigaud, écuyer, sieur du *Marchet*, deuxième fils d'autre *Pierre Rigaud*, seigneur de *Grandfont*, et de *Suzanne de Lacoste*, est l'auteur de cette branche.

Né vers 1667, il épousa par contrat du 15 juillet 1699 *Elisabeth de Lajonie*, fille de *Denis de Lajonie* (2), seigneur de Jaufumat, et de *Jeanne Jauge* et sœur de Anne de Lajonie, mariée en 1728, à Simon de Ségur (fils de Pierre de Ségur Bouzely et de Anne de Gervain (3).

Il décéda en 1768 âgé de 91 ans, laissant :

1. — Alexandre (qui suit).
2. — Henrie de Rigaud du Marchet, née en 1702, décédée en 1784 sans alliance.
3. — Izaac Rigaud, appelé le chevalier du

(1) La généalogie de la famille de Bacalan a été publiée par notre excellent confrère M. Maurice Campagne en 1904. Venue, croit-on, d'Auvergne, cette famille s'est illustrée au parlement de Guyenne. Depuis le règne de Henri IV elle n'a cessé de donner des magistrats à nos tribunaux, et des officiers à nos armées. Titres : vicomtes de Montbazillac, de Gontaud et de Cumont. Armes : *d'azur à 3 tours d'argent.*

(2) Les Lajonie encore représentés à Bergerac, La Réole et Bordeaux appartiennent à une famille consulaire de Sainte-Foy anoblie au XVII^e siècle. Armes: *d'azur à un pommier accompagné à dextre d'un épi de blé, feuillé et tigé, surmonté d'une étoile et à senextre d'un chien grimpant au fût de l'arbre, le tout d'or sur une terrasse du même.*

(3) Pour Gervain, voir ci-dessus. La famille Jauge, d'ancienne bourgeoisie de Sainte-Foy et de Bordeaux, portait : *d'azur à 3 flèches posées en pal et sautoir les pointes en bas.*

Marchet, fut garde du corps du Roi Louis XV. Il mourut célibataire, vers 1764.

4°. — MARGUERITE DE RIGAUD DU MARCHET, mariée à *Jacques-Thomas-Louis de la Condamine* (1) *de Lescure* écuyer, que nous croyons fils d'une *Gérault de Langalerie* (2). Elle mourut en 1771 laissant plusieurs enfants :

5°. — JEANNE DE RIGAUD DE MARCHET, née en 1710, mariée le 1er février 1733 à son cousin *Louis de Filhol* (3) qui fut longtemps maire de Sainte-Foy. Il était fils d'*Alain-Daniel de Filhol* et de *Suzanne de Rigaud de Grandfont*.

De ce mariage six enfants, dont deux seulement se marièrent.

(A) LOUIS-ANTOINE DE FILHOL, chevalier seigneur de *Mézières*, marié : 1° le 23 août 1763 à *Marie-Jeanne de Montard* (4) fille de *Martial de Montard de Lassaigne* et de *Marie de Cazenave* (5) ; 2° le 15 décembre 1780 à *Marie-Anne de Peyruchaud*.

(1) La Condamine. — Une branche de cette illustre famille habitait Sainte-Foy au XVIIIe siècle. Elle a donné un curé à Sainte-Foy au XVIIIe siècle.

(2) Les Gerault de Langalerie, qui ont donné dans notre siècle un archevêque d'Auch, sont originaires de Sainte-Foy. Maintenus en 1660, 1698 et 1718 ils ont fait leurs preuves militaires en 1777 et voté avec l'ordre en 1789. Armes : *de gueules à la tour d'argent accompagnée de 3 molettes d'éperon de même 2 en chef et 1 en pointe.*

(3) Filhol porte : *d'or à l'aigle éployée de sable* (voir ci-dessus).

(4) Les Montard en Agenais et Périgord ont été maintenus dans leur noblesse, ont voté en 1789 et ont fait leur preuves pour les écoles militaires. En premières noces Martial de Montard avait épousé Hylaire de Courssou, fille de Florent de Courssou seigneur de Caillavel et de Madeleine de Grailly. Armes : *parti au 1er d'or à 3 bandes de gueules : au 2e d'azur à deux pattes de griffon d'or contournées.*

(5) Marie de Cazenave, issue d'une ancienne famille noble originaire, de Béarn établie en Guienne au XVIe siècle, était fille de Jacques de Cazenave, écuyer, seigneur de Saint-Philippe, La Mothe et Lugagnac,

Sa petite-fille et dernière héritière, morte il y a peu d'années, avait épousé le comte *Louis-Christophe-Edouard de Callières* (1), fils du marquis *Louis de Callières* et de *Suzanne-Anne Naux des Martinaux* dont postérité.

*(B)* Suzanne de Filhol mariée le 14 mai 1764 avec *Jean-Louis de Montard*, écuyer mousquetaire du Roi, fils de *Martial de Montard de Lassaigne* et de *Marie de Cazenave*.

De cette alliance descendent les membres actuels de la famille de Montard qui a pour représentants mâles *Louis de Montard* marié à Mlle *de Laroque* et *Emmanuel de Montard* marié à Mlle *Emma Boisserie*.

## IV

Alexandre de Rigaud du Marchet, écuyer, né en 1704, fut maintenu dans sa noblesse avec les autres membres de sa famille. Il épousa en 1763 *Jeanne Gaussen* (2), fille de *Pierre Gaussen du Temple*, officier d'infanterie et de *Marie de Mestre* (3).

et de Marie de Bérard. Cette dernière, fille elle-même de Pierre de Bérard, président au sénéchal de Libourne, mort âgé de 104 ans à la fin du XVIIIe siècle. Armes : *écartelé au 1er d'azur à la tour donjonné d'or ; au 2e de gueules à 3 fasces d'argent ; au 3e de gueules au lion de même ; au 4e d'azur à une rose aussi d'argent.*

(1) Les Callières, titrés marquis et comtes de Callières, de Coustolles et de Chaillot, ont produit, entre autres illustrations, un vice-roi du Canada, un gouverneur de Cherbourg, un ministre plénipotentiaire et un membre de l'Académie Française. Armes : *d'argent à 3 fasces contrebretessées de sable.*

(2) D'origine bourgeoise, la famille Gaussen portait : *d'or à la croix pommetée de gueules.*

(3) Mathias Mestre, député de Sainte-Foy aux Etats généraux de 1789, appartenait à cette famille qui compte parmi les plus anciennes du

Il décéda en 1778 ayant eu plusieurs enfants parmi lesquels :

1°. — PIERRE DE RIGAUD, qui suit.

2°. — Autre PIERRE DE RIGAUD, né en 1767, mort jeune.

3°. — MARIE DE RIGAUD DU MARCHET, sœur jumelle du précédent, morte sans alliance.

V

PIERRE DE RIGAUD DU MARCHET, écuyer, né à Sainte-Foy le 12 août 1765, fit ses preuves de noblesse devant Chérin pour les écoles militaires le 26 avril 1784.

Il vota en 1789 avec la noblesse du pays de Nouvelle-Conquête, émigra en 1790 et mourut en Hollande laissant deux enfants de *Marguerite de Fornel* (1) sa femme.

1°. — DANIEL DE RIGAUD, qui suit.

2°. — MARIE-MARGUERITE DE RIGAUD DU MARCHET, mariée à son cousin *Etienne Jauge, de Babi* qui fut maire de Sainte-Foy de 1809 à 1815.

Elle en eut plusieurs enfants parmi lesquels :

(A) CHARLES JAUGE, marié à Mlle de *Pe-*

pays de Nouvelle Conquête. Il portait : *un lion d'argent brochant sur un semé d'abeilles d'or en champ d'azur.* Précédemment, Pierre Mestre, bourgeois de Bergerac, avait fait enregistrer ses armes par d'Hozier : *d'argent au lion de gueules couronné d'or.*

(1) Les Fornel, d'après le chevalier de Courcelles, seraient originaires des Etats Romains où ils possédaient le titre de sénateur. Etablis en Languedoc, au XVIe siècle, ils se répandirent plus tard en Guienne et Angoumois Armes : *d'azur à la croix pommetée d'or cantonnée de vingt billettes et surmontée d'un vol de même ; au chef cousu de gueules chargé d'une aiglette d'or à dextre et d'une étoile de même à senestre.*

*tit de la Siguenie* (1), fille d'*Izaac-Nicolas-Marie Petit de la Siguenie* et de *Marie Aillot*, dont une fille unique *Suzanne Jauge*, mariée à M. *Antonin Pascaud*.

(*B*) Suzanne-Nina Jauge, mariée à *Pierre Pauvert de Lachapelle* (2), fils d'autre *Pierre Pauvert de Lachapelle* et de *Anne de Lajonie*, petit-fils d'autre *Pierre de la Chapelle* et de *Anne de Masmontet*.

(*C*) Marie-Suzanne Jauge, mariée à M. *de Bannes de Gardonne* (3), fils de *Prosper de Bannes de Gardonne* et de *Madeleine Berthonneau* dont deux enfants :

*a*) Paul-Pierre de Bannes de Gardonne, né à Sainte-Foy en 1852, marié le 27 novembre 1877 avec *Emilie-Marie Carlhan*.

*b*) Léonie de Bannes de Gardonne, mariée à *Léo Mestral de Combremont*.

(1) Petit de La Siguenie, famille noble aujourd'hui éteinte. Armes : *d'argent à trois flèches rangées en pal d'or, soutenues par deux fasces abaissées de gueules*. — Izaac-Nicolas-Marie de Petit de la Siguenie était fils de Simon-Benjamin de Petit, seigneur de la Siguenie, lieutenant-colonel de cavalerie, et de Catherine de Renouard.

(2) Pauvert de La Chapelle, ancienne famille de Sainte-Foy. Un capitaine de ce nom, vaillant compagnon d'armes de Henri IV, se signala à la bataille de Coutras. Encore représentée dans ses diverses branches la famile Pauvert s'est alliée avec les : de Fauveau, de Masmontet, de Lajonie, de Brugière de Belrieu, de Barjac, de Peyrony, Jauge etc... Armes : *échiqueté d'or et de sable*.

(3) Prosper de Bannes de Gardonne était fils de Jean de Banes de Gardonne et de Marie-Scholastique-Rose du Chassaing. Les Banes de Gardonne que l'on croit issus des Bannes de Malessé et de Fayes en Périgord portent : *d'azur à une épée d'or mise en pal la pointe en bas, accompagnée de 3 étoiles d'argent*. Un membre de cette famille porte aujourd'hui, par adoption, le titre de comte de Lastic.

### VI

DANIEL RIGAUD DU MARCHET, écuyer, mourut célibataire dernier descendant de sa famille vers 1865.

Il a eu pour héritier sa cousine et filleule, la comtesse de *Caillières*, née *de Filhol*.

## BRANCHE DES BARATONS

### II

FRANÇOIS RIGAUD, deuxième fils de *Pierre*, avec qui commence la filiation, est l'auteur de la branche dite des Baratons.

Qualifié bourgeois de Sainte-Foy dès 1645, il épousa vers 1650 *Marie de Grenier*, fille de MMe *Pierre Grenier* (1), avocat en Parlement, et de *Elizabeth de La Lande* (2).

Il en eut au moins deux fils :

1°. — PIERRE RIGAUD DES BARATONS, qui suit.

2°. — ETIENNE RIGAUD, ministre de la Religion Réformée de Sainte-Foy, marié avec *Ysabeau Eyma* (3) dont trois enfants.

(*A*) MARIE RIGAUD.

(*B*) SUZANNE RIGAUD.

(1) La famille Grenier très anciennement répandue en Périgord, en Agenais et Bordelais suivant un manuscrit généalogique du comte de Larmandie serait noble d'extraction. Quelques-uns de ses membres ont été réanoblis, d'autres ont été maintenues aux diverses recherches des intendants. Au nombre des branches sorties de la même souche on peut citer celle des barons de Saint-Léger, et de Malardeau, celle des Grenier de Cardenal, en Agenais, enfin celle des seigneurs de Sauxet et de Monlong en Bergeracois. Les Grenier, de Sainte-Foy portaient : *d'azur à trois levrettes d'argent, colletées du même posées 2 et 1.*

(2) La Lande en Bazadais s'arme : *de gueules à 3 manteaux d'or.*

(3) La famille Eyma, ou Ayma d'ancienne bourgeoisie, est encore représentée à Bergerac par Albert Eyma, marié à Mlle du Puy-Montbrun ; et ses deux sœurs Mme Domenget de Malauger, et la marquise de Poyen. Une branche de cette famille acquit la noblesse au XVIIIe siècle par la charge de secrétaire du Roi. Dans l'*Armorial de France* de d'Hozier, on trouve sous le nom de Anne Eyma épouse de Claude de Gastebois

(*C*) Jacques Rigaud, sieur du *Mineur*, auquel ses sœurs firent donation de leurs biens en 1711. Il se maria et fit souche mais sa descendance éteinte dans les premières années du XIXe siècle n'a pu être régulièrement établie.

### III

Pierre Rigaud, sieur des *Baratons*, épousa par contrat du 2 mai 1672, sa cousine *Elizabeth de Geymond*, fille d'*Antoine de Geymond*, avocat en parlement, et de *Marie de Grenier.*

*Pierre* possédait de vastes propriétés dans la paroisse de Saussignac, elles relevaient du seigneur marquis de Pons auquel il rendit hommage en 1694.

Il mourut cette même année. Sa veuve ne lui survécut que quelques mois, elle décéda à Sainte-Foy le 26 janvier 1695.

Enfants :

1°. — Marie Rigaud des Baratons, née le 29 octobre 1673, mariée le 4 octobre 1710 avec *Pierre Domenget* (1), avocat en parlement.

2°. — Elisabeth Rigaud des Baratons, née le 21 octobre 1678, mariée à *N...... de Mestre* sieur de *Capelle* qui la rendit mère d'une fille :

Marie de Mestre alliée à Etienne de la Jonie fils de Denis de Lajonie seigneur de Jaufumat et de Jeanne Jauge.

écuyer seigneur de Bardouly les armes suivantes : *d'or à cinq aiglettes d'azur mises en sautoir* et sous celui de Pierre Eyma, avocat en parlement : *de gueules à 3 besants d'argent.*

(1) L'*Armorial du Périgord* dit la famille Domenget originaire du Dauphiné et cite Guillaume Domenget capitaine d'une compagnie franche, tué au siège d'Agen en 1622.

Sous le nom de Pierre Domenget, avocat au parlement, d'Hozier blasonne : *d'azur à deux pins d'or mis en sautoir, entrelacés ou passés en double sautoir, accompagnés en chef d'un croissant d'argent et en pointe d'une étoile.*

Sa descendance est représentée de nos jours par les familles de Lajonie, de Bacalan, de Lapoyade, Pauvert de La Chapelle et de Masmontet-Boisserie.

3°. — MARIE RIGAUD DES BARATONS morte en bas-âge en 1679.

4°. — PIERRE qui suit.

5°. — JEAN RIGAUD né le 20 juin 1682, décédé sans alliance.

6°. — ANTOINE RIGAUD né le 22 août 1685, fut étouffé par sa nourrice dans la nuit du 2 au 3 octobre de la même année.

7°. — PIERRE RIGAUD né le 12 juillet 1691, mort jeune.

## IV

PIERRE RIGAUD, sieur des *Baratons*, né le 5 septembre 1680, baptisé le surlendemain dans le temple de Razac de Saussignac, épousa au lieu de l'Isle, paroisse de Saint Seurin de Prat, le 28 avril 1706 *Marie de Petit* fille de *Moïse de Petit de Bellefond* (1) écuyer et de *Izabeau de la Poyade*.

En 1695 il tint sur les fonts baptismaux Pierre de Gontaud son filleul, fils de Jean de Gontaud de Saint Geniez (branche des Gontaud-Biron) et de Izabeau de Raymond.

L'année suivante, il fit enregistrer ses armoiries par d'Hozier. — Il mourut encore très jeune laissant un fils unique :

PIERRE GABRIEL, qui suit.

(1) Petit de Bellefond, de la même famille que Petit de la Siguenie, (voir plus haut) portait de même.

V

Pierre Gabriel Rigaud des Baratons, né vers 1709, servit dans les gardes du corps du Roi Louis XV. Il mourut célibataire le 25 janvier 1778.

Avec lui s'éteignit la branche des Baratons.

Par son testament en date du 20 janvier 1778 il instituait ses héritiers Jean Domenget et Simon de Lajonie, ancien officier d'infanterie, ses cousins-germains.

∴

Les Rigaud étaient protestants. Une branche de cette famille, redevenue catholique mais dont faute de titres nous n'avons pu dresser la filiation, était représentée à la fin du XVIII<sup>e</sup> siècle par Messire René Rigaud, chanoine de Saint-Front et prieur commendataire du prieuré du Fleix, en Périgord (ordre de Saint-Benoît). Il décéda le 2 juin 1788, et eut pour successeur dans ses bénéfices Jean-Baptiste Pouneau, licencié, chanoine archidiacre de Saint-Front et vicaire général de Périgueux.

Vannes. — Imp. Lafolye, frères, place des Lices.

www.ingramcontent.com/pod-product-compliance
Lightning Source LLC
LaVergne TN
LVHW010312230826
846091LV00007B/3110

* 9 7 8 2 0 1 2 8 6 3 0 3 3 *